BEI GRIN MACHT SICH IHR WISSEN BEZAHLT

- Wir veröffentlichen Ihre Hausarbeit,
  Bachelor- und Masterarbeit

- Ihr eigenes eBook und Buch -
  weltweit in allen wichtigen Shops

- Verdienen Sie an jedem Verkauf

Jetzt bei www.GRIN.com hochladen
und kostenlos publizieren

Besonderheiten in Organisation und Mitarbeiterführung in der Software- und der Beratungsbranche

Herbert Wurst

Bibliografische Information der Deutschen Nationalbibliothek:

Die Deutsche Nationalbibliothek verzeichnet diese Publikation in der Deutschen Nationalbibliografie; detaillierte bibliografische Daten sind im Internet über http://dnb.d-nb.de abrufbar.

ISBN: 9783389055793
Dieses Buch ist auch als E-Book erhältlich.

© GRIN Publishing GmbH
Trappentreustraße 1
80339 München

Druck und Bindung: Books on Demand GmbH, Norderstedt Germany
Gedruckt auf säurefreiem Papier aus verantwortungsvollen Quellen

Das vorliegende Werk wurde sorgfältig erarbeitet. Dennoch übernehmen Autoren und Verlag für die Richtigkeit von Angaben, Hinweisen, Links und Ratschlägen sowie eventuelle Druckfehler keine Haftung.

Das Buch bei GRIN: https://www.grin.com/document/1496302

Hamburger Fern-Hochschule

Studiengang Psychologie

Hausarbeit
Besonderheiten in Organisation und Mitarbeiterführung in der Software-
und der Beratungsbranche

Modul Organisationspsychologie I (OR1)

Herbstsemester 2021/2022

von

Herbert Wurst

Abgabedatum: 29.01.2022

Inhaltsverzeichnis

1 Einleitung

Die Wirtschaft befindet sich in den letzten Jahrzehnten in ständigem Wandel, insbesondere was die Internationalisierung, Flexibilität und Dienstleistungsorientierung betrifft.

Waren vor einigen Jahrzehnten noch hierarchische Strukturen vorherrschend, so existieren heute verschiedenste Unternehmensstrukturen, die den Erfolg in der heutigen Zeit gemäß den jeweiligen Aufgaben des Unternehmens sicherstellen sollen.

Sowohl die Anforderungen der Unternehmen an die Mitarbeitenden haben sich verändert, als auch die Anforderungen der Mitarbeitenden an ihren jeweiligen Arbeitsplatz.

Die derzeit stattfindenden und in den letzten Jahrzehnten stattgefundenen Veränderungsprozesse in der Organisation der Unternehmen wurden insbesondere von den Unternehmen vorangetrieben, die besonders schnell und flexibel agieren müssen.

Wie später zu erläutern, gehören zu diesen Unternehmen insbesondere Software- und Beratungsunternehmen.

„Softwareunternehmen sind prädestiniert dafür, voranzugehen. Zum einen ist die technologische Seite der Digitalisierung ein originäres IT-Thema. Zum anderen ist die im IT-Umfeld längst gelernte Methode der Agilität geeignet, die Herausforderungen zu meistern." (Krafft, K, 2021, Computerwoche Nr. 50/21, o. S.)

Wenn nun Software- und Beratungsunternehmen möglicherweise Vorreiter für Unternehmensorganisationen der heutigen Zeit sein sollten, zumindest für Teile der Dienstleistungsbranche, so sollte betrachtet werden, welche Besonderheiten diese Branchen aufweisen, und welche Organisationsformen in den entsprechenden Unternehmen vorhanden sind, unter welchen spezifischen Bedingungen.

So stellt sich die folgende Frage:

Welche Besonderheiten sind in der Software- und Beratungsbranche erkennbar, und mit welchen Organisationsformen und Besonderheiten in der Mitarbeiterführung kann ihnen begegnet werden?

2 Grundsätze der Unternehmensorganisation

Organisation ist „die auf Dauer gerichtete, methodische Zuordnung von Menschen und Sachmitteln, um für deren bestmögliches Zusammenwirken im Sinne einer dauerhaften Erreichung vorgegebener Ziele die günstigsten Bedingungen zu schaffen." (Blohm, H., 1977, o. S.)

Diese Definition kann der Unternehmensorganisation zugrunde gelegt werden, in Beziehung auf die jeweiligen Unternehmensziele. Die Ziele hängen von den jeweiligen Unternehmen ab, zum Beispiel der wirtschaftliche Erfolg, Mitarbeiter-zufriedenheit, Gewinnung von Marktanteilen etc. In der Regel verfolgen Unter-nehmen mehrere Ziele, die auch miteinander konkurrieren können.

2.1 Organisationsstrukturen

Unterschieden wird grundsätzlich unter der Aufbau- und der Ablauforganisation.

Nach Hub orientiert sich die Aufbauorganisation an den jeweiligen Aufgaben des Unternehmens (Hub, H., 1994, S. 11), die Ablauforganisation an den Prozessen (Hub, H., 1994, S. 67)

Als Möglichkeiten von eingleisigen Systemen bestehen das Liniensystem und das Stab-Linien-System. Ein eingleisiges Liniensystem bedeutet, dass jede Organisationseinheit nur einer unmittelbar vorgesetzten Instanz zugeordnet ist.

Die Führungsorganisation eines Unternehmens kann zum Beispiel so gegliedert sein, dass es eine Vorstandsebene, eine Bereichsebene und eine Gruppenebene gibt, die jeweils hierarchisch zugeordnet sind, zum Beispiel für die Bereiche Material, Produktion, Absatz, Personal und Verwaltung. (Rahn, H.-J., 2017, S.11).

Das Liniensystem mit der direkten Zuordnung der jeweils vorgesetzten Instanz kann durch Stäbe ergänzt werden. Dann spricht man vom Stab-Linien-System. Die Stäbe sind in der Regel durch Fachpersonal für bestimmte Aufgaben besetzt, oft am Vorstand angesiedelt, und können den jeweiligen Organisationseinheiten Fachwissen und Unterstützung anbieten. Die Stäbe haben in der Regel keine Linien- und Weisungsfunktionen, deren Macht ist jedoch nicht zu unterschätzen, da sie häufig an den Vorstand berichten und vom Vorstand Aufgaben übertragen bekommen.

Neben den eingleisigen Systemen besteht auch die Möglichkeit, mehrgleisige Systeme einzurichten.

Hierbei wird zwischen der Matrixorganisation und dem Funktionssystem unterschieden.

Das Funktionssystem hat in der Praxis keine sehr hohe Bedeutung, da es relativ konfliktbehaftet ist, und die Beteiligten in diesem Rahmen erhebliche Koordinationsprobleme haben, und schnell die Übersicht verloren gehen kann.

Im Funktionssystem verfügen die Vorgesetzen in der Regel über keine direkte Mitarbeiterverantwortung, sondern Aufgabenverantwortung, in deren Rahmen sie Weisungen an die Mitarbeitenden erteilen können. So entstehen oftmals Belastungen für die Mitarbeitenden, die mit den Weisungen mehrerer Vorgesetzter umgehen müssen, die untereinander nicht harmonieren.

Die Matrixorganisation findet dagegen in der Praxis häufige Anwendung.

In der Matrixorganisation besteht einerseits ein funktionales Liniensystem bis hin zur Unternehmensleitung, welches aber in einer zweiten Dimension nach Objekten gegliedert ist.

Durch diese Organisationsform besteht durch direkte Kommunikationswege und somit gute Kommunikationsmöglichkeiten die besondere Möglichkeit zu sachgerechten Entscheidungen mit hoher Flexibilität und Entscheidungs-geschwindigkeit.

Dennoch erfordert diese Organisationsform erhebliche Abstimmungsprozesse, die auch zeitaufwändig sein können. Die Mitarbeitenden haben aber in der Regel nur zwei Vorgesetzte, mit denen gegebenenfalls Abstimmungsbedarf besteht, nicht mehrere Vorgesetzte mit unterschiedlichen Interessen, wie es beim Funktionssystem der Fall ist.

Die Matrixorganisation führt zur Delegation von Entscheidungen, was die Unternehmensführung entlasten soll.

Nach Feyhl können im Rahmen einer Matrixorganisation nicht nur, aber auch Projekte abgewickelt werden, indem die Projekte der objektorientierten Ebene zugeordnet werden. Dies führt zu hoher Flexibilität bei knappen Ressourcen (Feyhl, A. W., 2004, S. 64).

2.2 Mitarbeiterführung

In Verbindung mit unternehmerischen Organisationsstrukturen ist grundsätzlich die Mitarbeiterführung zu sehen. Im Rahmen der Organisationsstrukturen werden die Entscheidungs-, Bericht- und Führungsstrukturen festgelegt, und somit auch die Verantwortlichkeiten und Entscheidungsspielräume.

Insbesondere bei Veränderungen der Märkte, der Zielgruppen, der Unternehmenskultur oder anderen externen oder internen Bedingungen, hat dies Konsequenzen auf die Unternehmensorganisation und die damit zusammen-hängende Mitarbeiterführung im Rahmen des damit verbundenen unternehmerischen Wandels.

Unternehmerischer Wandel wird als begriffsnotwendiges Element im Rahmen des unternehmerischen Handels gesehen, und weniger als isolierbare bzw. exogene Einflussgröße. Damit sind Änderungsstrategien und -stile auch nicht nur als abhängige bzw. moderierende Variable zu behandeln. Im Mittelpunkt steht die Frage, inwieweit Konzepte der Unternehmensführung und Unternehmer-funktion auf die Mitarbeiterführung anwendbar sind. (Wunderer, R., 1994, S. 102)

3 Software- und Beratungsunternehmen

Wenn nun, wie eingangs erwähnt, Softwareunternehmen dafür prädestiniert sind, bei Veränderungen in der Unternehmensorganisation voranzugehen, worin kann dies begründet sein? Gilt dies ebenfalls für Beratungsunternehmen? Gibt es Gemeinsamkeiten?

Im Folgenden sollen die Besonderheiten von Software- und Beratungsunter-nehmen dargestellt und in Beziehung zur Unternehmensorganisation betrachtet werden.

3.1 Softwareunternehmen

Softwareunternehmen entwickeln und vertreiben in der Regel Computer-programme, die den Kunden sehr spezielle oder themenübergreifende Lösungen anbieten und somit ihren Mehrwert begründen.

Darüber hinaus bieten die meisten Softwareunternehmen Implementierungs-service direkt oder über Partnerunternehmen an. Dieser Service kann bei weniger komplexen Themen den rein technischen Implementierungsservice beinhalten, sofern dieser nicht automatisch funktioniert. Der Service kann aber auch sehr komplex und aufwändig sein, zum Beispiel bei der Implementierung von betriebswirtschaftlicher Software mit betriebswirtschaftlicher Beratung und Anpassung an die firmenindividuellen Strukturen.

Ein weiterer Service kann ein Wartungsvertrag sein. Dieser kann Updates, Anpassungen und eine Hotline beinhalten.

Unter den Softwareunternehmen finden sich viele Gründerunternehmen, die in den letzten Jahrzehnten entstanden sind. Oftmals wurden die Firmen von wenigen Personen gegründet, die zusammen über Programmier- und entsprechende Fachkenntnisse verfügten. Bei erfolgreichem, oft extrem schnellem Wachstum wurde die Führung entweder von den Gründern beibehalten, in direkter oder indirekter Form, zum Beispiel durch Eigentumsanteile, oder in die Hände von neuem, professionellem Management gelegt. Die Organisationsstrukturen wurden dann dem Wachstum und dem sich veränderndem Markt angepasst.

Die Gemeinsamkeiten fast aller erfolgreichen Softwareunternehmen sind das schnelle Wachstum (oft zweistellige Prozentzahlen, manchmal auch Vervielfachungen des Jahresumsatzes), die starke Abhängigkeit von kurzfristigen Veränderungen der Anforderungen, das sehr kurzfristige Entstehen von Mitbewerbern, sowie der kurzfristige Bedarf an hochqualifizierten Mitarbeitenden.

„Die Beschäftigten der IT-Industrie haben ein sehr hohes Qualifikationsniveau: Beschäftigte unterhalb eines Facharbeiterabschlusses sind hier so gut wie gar nicht anzutreffen. Die Hochschul- und Fachhochschulabgänger bilden in allen Unternehmen eine zahlenmäßig große und in ihrem Anteil stetig wachsende Gruppe. In sieben Unternehmen liegt der Akademikeranteil bereits über 40%, in drei davon gar über 85%." (Baukrowitz A., Boes, A., 2000, S. 1-2).

Eine weitere Besonderheit von Softwareunternehmen ist, dass die Zahlungseingänge sehr abhängig von Schwankungen der Lizenzverkäufe sind. Der Softwarevertrieb spielt hier eine besondere Rolle, insbesondere das Neukundengeschäft. Hierbei sind die Lizenzmodelle der Einmallizenz gemeint. Durch die sich besonders schnell verändernden Märkte und das kurzfristige Auftauchen neuer Mitbewerber können kurzfristig sehr starke Umsatzeinbußen entstehen. Zwischenzeitlich haben zur Vermeidung dieser Problematik und damit verbundener Liquiditätsprobleme viele Unternehmen anstelle von Einmallizenzen das Modell jährlicher Lizenzbeiträge gewählt, um möglichst einen kontinuierlichen Finanzfluss zu gewährleisten.

Dennoch bleibt eine starke Abhängigkeit vom Neukundengeschäft, häufigen Marktschwankungen und kurzfristig auftauchenden Mitbewerbern.

Die beschriebenen Bedingungen erfordern eine extrem hohe Kundenorientierung und Flexibilität, verbunden mit einer Mitarbeiterplanung, die sich Schwankungen anpassen und hohen Anforderungen gerecht werden muss.

Dies schlägt sich in den Anforderungen an die Organisationsstrukturen und die Mitarbeiterführung nieder.

3.2 Beratungsunternehmen

Die Beratungsunternehmen arbeiten in der Regel projektorientiert.

Es gibt unter anderem Beratungsunternehmen, die strategische und/oder betriebswirtschaftliche Projekte durchführen. Häufig geht es um die Neuausrichtung deren Kunden, die Marktpositionierung, Kostenreduzierung und ähnliche Projekte. Diese Projekte sind in der Regel sehr umfangreich.

Andere Beratungsunternehmen bieten Implementierungsservices, zum Beispiel für Softwareunternehmen, Schulungen, oder auch Implementierungsaufgaben bei Strukturmaßnahmen. Auch Interimsmanagement wird teilweise angeboten, je nachdem, wie das Unternehmen aufgestellt ist.

Die wirtschaftliche Lage von Beratungsunternehmen hängt in besonderer Weise von den einzelnen, jeweils neu vertraglich abzuschließenden Beratungsprojekten ab. Es gibt aber auch Beratungsunternehmen mit kleineren, kontinuierlichen Projekten mit Stammkunden.

Viele Beratungsunternehmen haben keine formale Vertriebsabteilung. Die Projekte entstehen durch Kontakte, Vertrauen, frühere Projekte etc. Häufig wird der Vertrieb durch die Berater oder die Partner auf der obersten Führungsebene durchgeführt, beziehungsweise das Beratungskonzept vorgestellt.

Auch diese Besonderheiten haben Auswirkungen auf die Organisation.

4 Branchenspezifische Besonderheiten

Sowohl die Software- als auch die Beratungsbranche sind meistens durch eine besondere Kundenorientierung und Flexibilität charakterisiert, sofern sie erfolgreich sind.

In diesen Firmen sind in der Regel auch überwiegend Akademiker und Mitarbeiter mit Hochschul- oder Fachhochschulabschluss tätig.

Beide Voraussetzungen wirken sich erheblich auf die Organisation und Mitarbeiterführung aus.

In herkömmlichen, linearen und hierarchischen Strukturen sind die Entscheidungswege sehr lang und schränken die Flexibilität der Unternehmen ein.

Die oben beschriebenen hochqualifizierten Mitarbeiter benötigen zudem in der Regel mehr Entscheidungsspielraum und Verantwortung, als es in hierarchisch strukturierten Unternehmen üblich ist.

Aus diesen Gründen ist es erforderlich, mit anderen Organisationsstrukturen zu arbeiten, um dauerhaft am Markt erfolgreich zu sein.

5 Präferierte branchenspezifische Organisationsformen

Wie bereits erwähnt, erfüllen linear hierarchisch aufgebaute Organisationsstrukturen nicht die Anforderungen, die Markt und Mitarbeiter an Software- und Beratungsfirmen stellen.

Die genannten Anforderungen gelten jedoch nicht nur für Software- und Beratungsunternehmen, sondern auch für viele andere Unternehmen, bei denen besondere Flexibilität erforderlich ist, insbesondere in der Dienstleistungsbranche.

Davon zu unterscheiden sind jedoch Organisationen, bei denen eine straffe Organisation und die Einhaltung von Regeln und Anweisungen von größerer Bedeutung ist, als die Flexibilität. Dazu zählen unter anderem viele staatliche Institutionen, aber auch etliche Industrie- und Dienstleistungsbetriebe.

Im Folgenden werden einige Organisationsformen dargestellt, die im Zusammenhang mit Software- und Beratungsunternehmen häufig anzutreffen sind.

5.1 Matrixorganisation

Sehr häufig anzutreffen ist eine Matrixorganisation in verschiedenen Ausprägungen. Die Vorteile der Matrixorganisation werden im Folgenden zusammengefasst (gemäß Feyhl, A. W., 2004, S. 64):

- Hohe Flexibilität bei knappen Ressourcen durch persönlichen Einsatz.
- Mitarbeiter werden oft aus den unterschiedlichsten Abteilungen für das Projekt abgeordnet. Der Teamzusammenarbeit, funktions- und abteilungsübergreifend, ist dies sehr förderlich.
- Diese Mitarbeiter bilden auch die Schnittstellen zu den Fachabteilungen.
- Dynamische Anpassungsfähigkeit bei Änderungen des Geschäfts- und Projektumfeldes.
- Verbesserung der Qualität von Entscheidungen bei gemeinsamer Akzeptanz.
- Strukturänderungen sind ohne Neugestaltung der Unternehmensorganisation möglich, da nicht nur „funktions"- oder „objektorientierte" Strukturen vorhanden sind, die einzeln geändert werden müssen.

5.2 Agile Organisation

Die agile Organisation ist an sich keine neue Organisationsstruktur.

Es handelt sich vielmehr um ein Umdenken der Beteiligten mit mehr Verantwortung für die Mitarbeitenden und eine Lockerung der Strukturen, mit der Absicht, durch Agilität und Flexibilität die Ziele in der sich verändernden Welt zu erreichen. Hier arbeiten flexible Teams, die sich immer wieder aufgabenbezogen neu strukturieren können.

Hierzu einige Aspekte (nach Bornewasser, M., 2019):

„.... dass die agile Organisation keinen direkten Widerspruch zur konventionellen Organisation darstellt. Dezentralisierung und Selbstorganisation führen auch nicht – wie von vielen Führungskräften befürchtet – in ein Chaos, erfordern aber spezielle Maßnahmen, um die Einheit der Organisation und die Verknüpfung von strategischen und operativen Entscheidungen zu gewährleisten. „

VUCA-Welt: „Dieses Kürzel hat militärischen Ursprung und steht für Volatility, Uncertainty, Complexity und Ambiguity. Es beschreibt in der Summe eine Unsicherheit erzeugende Ausgangssituation, die für traditionelle Organisationen mit ihrer Ausrichtung auf Stabilität, Ordnung, Formalität, Regelhaftigkeit und Verlässlichkeit geradezu eine Provokation darstellt."

„Dezentralisierung und Selbstorganisation schaffen Raum für mehr Flexibilität und höhere Effizienz, erfordern aber auch Bereitschaft und Kompetenz, diese Räume zu nutzen. Erstere werden durch die Vermeidung aufwendiger formaler Entscheidungsprozesse und durch eine verbesserte Organisation der Prozesse erzielt. In diesem Sinne zeigt agiles Management einen Weg auf, wie in einer Organisation die aktuell erlebten Mängel einer trägen und wenig flexiblen bürokratischen Struktur systematisch beseitigt werden können, ohne darüber in ein chaotisches Abseits zu geraten."

Bei der agilen Organisation handelt es sich demnach im Wesentlichen um ein Umdenken der Führungskräfte und der Mitarbeiter.

5.3 Zusammenfassung und Ergänzungen

Nach Lippold weisen Beratungsunternehmen eine Reihe von Besonderheiten auf, die einen Vergleich mit Unternehmen anderer Branchen nur schwer zulassen. Insbesondere die projektorientierte Organisation setzt einen hohen Koordinationsaufwand voraus und erfordert eine Kombination spezifischer Controlling-Instrumente (Lippold, D., 2018, o. S.).

In der Veröffentlichung „Grundlagen der Unternehmensberatung. Strukturen – Konzepte – Methoden" stellt Lippold dar, dass auch Unternehmensberatungen hierarchisch in Form einer Pyramide geführt werden können. (Lippold, D. 2016, S. 375). An einem Beispiel führt er auf, wie in der obersten Hierarchieebene ein Partner / Vice President steht. In der nächsten Ebene stehen zwei Principals / Senior Manager, in der dritten Ebene drei Manager, in der vierten Ebene vier Senior Consultants, in der fünften Ebene sechs Consultants. Diese werden den jeweiligen Projekten zugeordnet.

Zu erwähnen sei noch die „Demokratische Unternehmensstruktur". In einer Diplomarbeit der Universität Innsbruck wurde hier das Spannungsfeld zwischen Mitbestimmung und Selbstbestimmung der Arbeitenden und der damit verbundenen Konflikte herausgearbeitet (Innerebner, S. 2019, S. 41ff).

6 Methodisches Vorgehen

Zunächst suchte ich ein Thema aus, welches mich interessiert, aber auch überschaubar ist. Aufgrund meiner früheren beruflichen Erfahrungen in der Software- und Beratungsbranche hatte ich dazu bereits Vorkenntnisse über die Anwendbarkeit der Organisationsstrukturen und der Mitarbeiterführung.

Die Quellen suchte ich über Google Scholar und WISO. Die Trefferquote war sehr hoch. Ich konnte recht schnell die relevanten Quellen finden, durch manuelles Durcharbeiten der angebotenen Quellen.

Suchhilfe	Suchbegriffe	Treffer
Google Scholar	Organisationsstruktur Beratungsunternehmen	ca. 4.540
Google Scholar	Organisationsstruktur Softwareunternehmen	ca. 1.390
WISO	Aufbauorganisation	7705
WISO	Organisationsstruktur Beratungsunternehmen	563
WISO	Organisationsstruktur Softwareunternehmen	107

7 Fazit

Wie oben dargelegt, handelt es sich in der Software- und der Beratungsbranche um Unternehmen, die besonders durch hohe Anforderungen an Flexibilität und Kundenorientierung geprägt sind.

Auch die Mitarbeiterführung hat sich in den letzten Jahren stark verändert. Mitarbeitende, insbesondere mit höherer Bildung, legen großen Wert auf Selbstverwirklichung, Mitbestimmung und Entscheidungsfreiräume.

All dies erfordert Organisationsstrukturen, bei den nicht „von oben nach unten durchregiert" wird. Vielmehr müssen Entscheidungen verlagert werden, an die Stellen und auf die Mitarbeitenden, die nahe an der Lösung bzw. am Kunden und entsprechend kompetent sind.

Deshalb haben hierarchische Organisationsstrukturen in vielen Betrieben ausgedient.

Insbesondere die Matrixstruktur wird häufig angewendet. Es bleiben Führungsstrukturen erhalten, die meines Erachtens auch wichtig für die Orientierung der Mitarbeitenden sind. Gleichzeitig arbeiten die Mitarbeitenden Objekt- und/oder projektbezogen.

Somit haben die Mitarbeitenden mehr Verantwortungs-, Entscheidungs- und Koordinationsbefugnis, was auch deren Selbstorganisation, Selbstbestimmung und Selbstwirksamkeitsempfinden erhöht.

Ergänzt werden diese Organisationsformen durch Aspekte, die aus der agilen Organisation oder der demokratischen Organisation kommen. Diese sind mit den Strukturen der Matrixorganisation kompatibel, setzen aber zusätzliche Schwerpunkte.

Die Software- und die Beratungsbranche hat aufgrund ihrer besonderen Anforderungen hierbei eine Vorreiterrolle gespielt, wodurch viele Erfahrungen gesammelt werden konnten.

Auch in Zukunft dürfte sich auf den meisten Märkten entsprechende Entwicklungen zeigen, sowohl auf der Kundenseite, als auch auf dem Personalmarkt.

Weitere Forschung kann ich mir insoweit vorstellen, dass mehrgleisige Organisationsformen und die agile Organisation in weiteren Branchen beforscht wird.

8 Literaturverzeichnis

Baukrowitz A., Boes, A., Schmiede, S. (2000). Arbeitsbeziehungen in der IT-Industrie. Darmstadt: TU Darmstadt

Blohm, H. (1977). *Organisation, Information und Überwachung.* Wiesbaden: Gabler Verlag.

Bornewasser, M. (2019). Agile Organisation: Kalter Kaffee oder neue Erfolgsformel? Berlin: Springer Verlag

Feyhl, A. W. (2004). *Management und Controlling von Softwareprojekten.* Wiesbaden: Gabler-Verlag.

Hub, H. (1994*). Aufbauorganisation, Ablauforganisation.* Wiesbaden: Gabler Verlag.

Innerebner, S. (2019). *Konfliktpotentiale und Konfliktmanagement in unterschiedlichen Organisationsstrukturen.* Innsbruck: Leopold-Franzens-Universität

Krafft, K. (2021). *Neun Tips für den digitalen Umbau des Unternehmens.* München: in Computerwoche Nr. 50/21, IDG Business Verlag GmbH

Lippold, D. (2018). *Controlling und Organisation in der Unternehmensberatung.* Berlin: Springer Verlag

Lippold, D. (2016). *Grundlagen der Unternehmensberatung. Strukturen – Konzepte - Methoden.* Berlin: Springer Verlag

Rahn, H.-J. (2017). *Die betriebliche Führungsorganisation.* Leipzig: Engelsdorfer Verlag.

Wunderer, R. (1994) *Mitarbeiterführung und unternehmerischer Wandel.* St. Galler Executiv Forum

BEI GRIN MACHT SICH IHR WISSEN BEZAHLT

- Wir veröffentlichen Ihre Hausarbeit,
  Bachelor- und Masterarbeit

- Ihr eigenes eBook und Buch -
  weltweit in allen wichtigen Shops

- Verdienen Sie an jedem Verkauf

Jetzt bei www.GRIN.com hochladen
und kostenlos publizieren